# AUX HOMMES

## MONARCHIQUES.

### NOUVEAUX FRAGMENS.

Le refus des subsides a lieu : et dès lors, sous peine de laisser se dissoudre la société, il faut que la couronne cède ou réprime, se rende esclave ou se retrouve souveraine.

Car le recours aux collèges électoraux devient illusoire, la chambre n'ayant pu s'emporter à cette dernière extrémité, sans être certaine de leur connivence.

Or, le Roi cède : et un ministère lui est imposé par la chambre; et ce ministère est aussitôt dominé, est bientôt persécuté, est enfin expulsé en la même façon; et un second, un troisième, etc., de plus en plus ardens, de moins en moins durables, se succèdent incessamment.

Est-ce 1829, 1830, 1831, ou 1789, 1790 et 1791? Faut-il recommencer une telle quarantaine d'années?

On peut juger quand ce qui est vient de périr, combien ce qui sera va durer; on doit sentir après que l'ordre ancien a cessé, comment tel ou tel ordre nouveau, issu d'un désordre progressif, cessera.

Avancez donc, poussez vite, tribuns armés de la majorité ? avez-vous enfin forcé l'entrée du cabinet ? Êtes-vous installés sur les sièges de l'usurpation ? Le maître ne vous chassera pas ; il ne peut, il ne veut peut-être. Vous êtes devenus les maîtres ; vous serez traités comme il a été traité par vous : à vos côtés, sur vos pas, ceux-là même qui vous ont portés, s'apprêtent à vous renverser, à vous supplanter. Il faudra que le pouvoir fasse le tour de la chambre, sautant de banquette en banquette, jusqu'à l'extrême gauche, et là, s'éteignant dans la boue, puis se relevant l'épée nue.

La couronne aura cédé. La chambre des communes domine, et ne se domine pas elle-même. Les factions ralliées pour combattre le pouvoir se divisent, se déchirent, afin de le saisir, de l'exploiter : l'usurpation triomphante ne manque pas d'enfanter une succession d'usurpations de plus en plus hideuses.

Il reste un Roi, dit-on ; oui, pour l'histoire, non en politique.

N'y aurait-il pas aussi quelque chambre des pairs, dont l'existence annulée en politique ne devrait pas même se survivre dans l'histoire ?

Et les présages l'effraient, les menaces l'irritent : être ou n'être pas, c'est la question.

Attendez la prochaine session. Contre la conspiration de tribune qui s'est formée dans l'autre chambre, vous verrez s'élever dans celle-ci la conspiration du scrutin. La crainte retient la parole sur les lèvres ; la colère précipite les boules dans l'urne.

Les communes ont refusé le budget à la couronne ; les pairs refusent le budget aux communes.

La royauté s'est résignée à se perdre, à perdre l'État : la pairie est résolue à se sauver, à sauver l'État.

Quoi de plus juste ? Quoi de plus simple ?

Art. 48. « Aucun impôt ne peut être établi ni perçu, s'il n'a été consenti pas les deux chambres. »

Le texte est identique pour l'une et l'autre chambre : ce que peut l'une, l'autre le peut ; et de plus, ce que ne devait pas faire celle-là, celle-ci doit le faire.

La seule ressource est de jeter, dans la chambre haute, un nombre presque égal de nouveaux pairs ; triste ressource, qui n'est valable que pour le présent budget : car les apprentis pairs, bientôt passés maîtres, sentent leur force, jugent le péril, et se révoltent, se retranchent derrière un nouveau refus.

Après avoir anéanti la royauté, il manque encore d'abolir la pairie.

Il n'y a qu'à déterminer, si c'est le Roi par le choix du ministère, ou la chambre par le refus de l'impôt, qui enfreint la règle, qui viole le gouvernement de composition amiable et perpétuelle.

Art. 14. « Le Roi nomme à tous les emplois d'administration publique. »

Art. 55. « La chambre des députés a le droit d'accuser les ministres. »

Là, est toute la charte : en-deçà, au-delà, il n'y a qu'erreur ou délit.

Le Roi a nommé : c'était un devoir. S'il ne nommait pas à sa volonté, s'il se laissait imposer la révocation ou la désignation des choix, ce serait un tort.

Que la chambre accuse, c'est un droit. Si plutôt que d'accuser en vertu de l'art. 55, elle s'arme de quelque autre article, et use ou abuse d'un pouvoir conféré pour des fins différentes, à l'effet d'annuler le pouvoir exercé en vertu de l'art. 14, ce sera un forfait.

La règle est absolue, est sans aucune exception : après les actes, il y a moyen d'accuser les ministres ; avant les actes, il n'y a moyen que d'opprimer, d'asservir la volonté royale.

On prétend légitimer le forfait ; on ose avancer qu'au lieu de congédier ses ministres, le Roi est libre de dissoudre la chambre.

Le Roi est libre ! dites-vous.

Quelle amère dérision ! diverses causes auront recruté et enhardi un parti puissant, auront dispersé et refroidi le parti adverse ; et dans le foyer des collèges, l'opinion soufflée par le vent dominant, s'embrase au degré extrême.

Le Roi n'est libre que de changer de fers, de passer d'une chaîne à une chaîne plus lourde, de consacrer par un acte apparent de volonté, son esclavage.

La majorité factieuse qui domine ou dominera la chambre, n'étant plus balancée ni par la pairie, ni par la royauté, ainsi qu'il est toujours arrivé au sein d'une assemblée unique, tourne à la tyrannie.

De plus, la majorité légale de la chambre, n'est point la majorité morale de la nation dont un cinq centième seulement concourt aux élections, n'est point la majorité rationnelle des collèges dont tant de membres cèdent aux intrigues, aux menaces.

Encore, dans la chambre même, la majorité numérique se compte le plus souvent avec des boules, que dirige une volonté d'emprunt ou de hasard, plutôt qu'une opinion réfléchie et consolidée.

Si cela plaît, qu'on laisse aller.

Sinon, la charte vient en aide.

Trois pouvoirs sont fondés : un d'entre eux ne peut opprimer les deux autres ; deux d'entre eux peuvent réprimer l'autre.

Aucun acte positif ne doit avoir lieu que par le concours des trois : aucun acte négatif ne doit avoir effet par le vote d'un seul.

Deux pouvoirs ont plutôt le droit de sauver l'État, qu'un pouvoir n'a le droit de le perdre.

Mais, la charte elle-même provient d'une autorité préexistante à sa création, prééminente au moins avant son apparition.

Sans doute la paternité politique, pas plus que la paternité civile, n'est autorisée à revenir sur des donations librement accordées par elles : comme aussi, ni l'une ni l'autre ne sont tenues à se laisser dépouiller au moyen des armes loyalement fournies par elles.

« Le Roi légitime n'est pas une personne, il n'est pas une institution; il est l'institution universelle » ( *M. Royer-Collard*, 1820.)

Avec le Roi, tout périt : par le Roi, tout sera sauvé. La force, la justice se rallient à cette fin.

Advienne le rejet de la loi des finances !

Il est facile d'en déduire les suites. Le premier pas déjà si effrayant fait reculer ceux qui l'ont hasardé; d'autres les suivaient, les poussaient et les remplacent, puis se retirent aussi : et la masse s'avance, se précipite dans sa marche accélérée, sous des chefs tour-à-tour supplantés; la masse ne prend repos qu'au fond de l'abîme.

Ne parlons plus de la pairie, de la dynastie : elles sont absorbées, dévorées au foyer ardent d'une assemblée unique.

« Elle est expulsée du pouvoir, la légitimité du prince où respire l'unité morale de la société; l'institution universelle dans laquelle sont placées toutes les autres. »

« Il se retire de nos lois, le droit, sans lequel il n'y a rien sur la terre, le droit, ce vrai principe de la civilisation, que pouvait seule nous rendre et que nous a rendu la race royale.

« En même temps, on voit s'évanouir l'inégalité résultante des grandes supériorités, la gloire, la naissance qui n'est que la perpétuité de la gloire; l'inégalité reconnue, consolidée, érigée en pouvoir social, et par là rendue inviolable et immortelle. » ( *M. Royer-Collard*, 1820. )

Arrêtons-nous.

Mais quelle est donc la puissance, la force morale ou matérielle à laquelle il a été donné ou plutôt laissé, d'accomplir ainsi la destruction, la dissolution de la société.

« Apparemment ce n'est pas cette chambre sur laquelle on s'exprime mal, ou du moins on suit les traditions de la révolution, quand on lui attribue de représenter la nation : cette chambre qui, si elle représente encore la nation, c'est la nation en présence du trône et de l'aristocratie; la nation dans cet état où elle a reçu la dénomination historique de *communes*. » (*Idem.*)

*Les communes* : telle est l'expression ou plutôt la conception juste et vraie.

Ce mot plein de sens, dit que le dogme de la souveraineté du peuple, également impossible à refuter en théorie, et à adopter en pratique, en descendant de la vague région des abstractions, en tombant sur le sol de la réalité, dans toute la rigueur de son entente idéale, frapperait de mort l'être social.

« Nul ministère n'ose tenir contre une majorité des communes, précisément parce que cette majorité aurait le pouvoir de refuser le bill des subsides. C'est là ce qui fonde la puissance des communes, c'est là ce qui fait que le gouvernement est en elles. » ( *Débats*, 2 octobre 1829. )

Rien n'est plus clair. Le pouvoir du refus met le gouvernement dans la chambre, enlève le gouvernement à la royauté, et abolit la royauté, établit la chambre maîtresse, souveraine, tyrannique.

« Certes, il n'est pas loisible de renverser le roi, la dynastie... Mais il a été loisible, il sera loisible de renverser vingt ministères! » (*Idem.*)

Or n'est-ce pas une opération bien délicate que de renverser vingt ministères qui émanent du trône, qui se rattachent au trône, sans renverser aussi, par mégarde sans doute, le trône même.

En fait de ministères, le renversement n'est que la moitié de la besogne: le surplus de la tâche consiste dans le remplacement.

Et qui a le droit de renverser, a le pouvoir de remplacer. Désormais la chambre et non le monarque nomme les ministres; désormais les ministres sont les valets de la chambre, ne sont plus les gens du monarque.

De là, la royauté est asservie d'un bord et mal servie de l'autre; est amenée de nécessité, est entraînée par la fatalité à se soulever ou plutôt à se relever, à vaincre ou périr.

Car entre la condamnation de Charles Ier et la proscription de Jacques II, entre une telle mort et une telle vie; il y a ce parti à prendre, de se jeter à travers les chances d'une vie ou d'une mort glorieuse.

Supposez la défaite: et le pays reste en proie aux factions, en butte à l'ennemi, en mépris à la postérité.

Supposez la victoire: et les libertés publiques qui ont été trahies, qui se sont trahies elles-mêmes, attendent un siècle, avant de ressusciter.

Ici, c'est la restauration faite sans doute, parfaite peut-être.

Là, ce sont des révolutions, l'une sur l'autre s'engrenant, l'une après l'autre s'envenimant, à faire, à défaire, à refaire.

Tout parti a la même destinée; sa fin est de régner, de renverser et remplacer le pouvoir; ses moyens sont de jeter le trouble, de propager les défiances, de fomenter l'anarchie.

Est-il parvenu au but? il a rempli une part de la tâche; il lui reste à achever l'œuvre.

Or plus la crise fut longue, plus la mission est délicate. Voilà que la société tombe en dissolution : où est la tête, où est le bras qui doivent la rallier, la raffermir, la réorganiser.

Il faut, ou que le despotisme s'élève et monte justement au degré où fut poussée la licence : comme sous la terreur, sous l'empire.

Ou qu'une faction nouvelle se forme à l'exemple, se comporte en même façon et triomphe tour à tour, comme pendant la révolution.

Et c'est ceci qui arriverait maintenant; car, les faveurs de la tyrannie se refusent aux temps de l'effervescence, sont réservées pour le terme extrême des désastres.

La France allait passer par une cruelle série d'innovations, d'abord sous les formes parlementaires, puis selon le mode révolutionnaire : tant qu'il n'y avait plus de France peut-être, en ce jour trop lointain, trop tardif, où devait apparaître le bras de plomb, la tête d'airain.

Aussi, quelles que puissent être les répugnances du pays, qui est à la fois trahi et trompé; le devoir pèse de même, et s'allège seulement, par l'attente légitime, que la lumière enfin dissipera les erreurs, que la gratitude enfin récompensera les efforts, couronnera les succès.

Quelle que puisse être la résistance des partis, qui se trompent et trahissent à la fois, le devoir s'élève, en raison de son intensité même, et s'empresse d'autant à atteindre au but de la délivrance commune; à ce terme où il n'est pas défendu d'espérer que les partis domptés, abattus, en jetant un regard en arrière, viennent à céder au repentir, à rendre grace du bienfait.

Les choses en étaient là, lorsque la couronne s'est résolue à former un nouveau ministère approprié suivant qu'il lui semblait, à satisfaire les intérêts communs.

Mais, dit-on, les convenances ont été méprisées : mais, dit-on, les chances ont été mal calculées.

Cela se peut, sans doute; la couronne est impeccable, et non infaillible. Les temps porteront la lumière, donneront la leçon : jusqu'à cette heure, il n'y a pas lieu à désespérer de son intelligence, de sa volonté.

Sauf que ce soit demain même, que la foudre lancée, on ne sait d'où, doive dévorer la charte en un clin d'œil, et écraser les libertés publiques sur la place, faut-il lui enlever le pouvoir de réparer le mal opéré ?

Sauf qu'il y ait certitude de ne pas tomber du péril présent dans un futur péril, de ne pas passer de chance en chance plus menaçante; faut-il transmettre le pouvoir entre des mains au moins inapprises?

Et voyez, au terme de cette opération de nouvelle sorte, la royauté combattue et vaincue, la royauté devenue timide et craintive, si ce n'est même honteuse.

Voyez le parti poussé au faîte, prenant ses mesures afin

de n'être pas renversé aussi ; et se montrant tyrannique pour la défense, autant qu'il fut anarchique dans l'attaque.

Il sait trop comment on détruit le pouvoir : il sait de même comment se maintient le pouvoir.

A l'instant même, la faction des colléges, la licence des journaux, organisées par des lois, dont il s'est servi pour triompher, dont on se servirait pour l'abattre, seront abolies.

Tristes lois! après que leur action dissolvante aura miné, aura détruit ce qui est légitime, elle va s'éteindre, épuisée par l'effort ou réprimée par la force, devant ce qui est illégitime.

Ainsi, et presque à son insu, et peut-être à contre-cœur, la couronne s'insurge pour ainsi dire, ou plutôt se relève, appelant au lieu de ce ministère qu'on haïssait tant, un ministère qu'on craint encore davantage.

Car la force est commandée dans la juste proportion des résistances à vaincre, des périls à surmonter.

Mais, s'écrie-t-on, voyez quelle est l'effervescence générale! La fougue est plus impétueuse qu'en 1828 : alors on fut contraint de lui céder. Comment pourrait-on lui résister maintenant?

Eh! pourquoi l'effervescence, la fougue se sont-elles ainsi exaltées? si ce n'est parce qu'on a cédé. Enlevez le couronnement d'une digue; le torrent se charge de la raser jusqu'aux fondemens.

Si c'est qu'on doit céder de nouveau, l'effervescence, la fougue, excitations privées de sens et de règle, s'aggraveront de plus en plus, et dévoreront tout.

Veut-on un gouvernement quelconque? quand le calme règne, qu'il se taise; quand le trouble survient, qu'il élève la voix, quand le désordre est au comble, qu'il tonne, qu'il foudroie.

Or, il existe donc une passion unanime de liberté dans cette peuplade de trente millions d'ames.

Or, il n'est donc pas vrai, qu'on doive craindre une ordonnance de réformation, une contre-révolution.

Changer les lois, en dépit des esprits, ou changer les esprits au moyen des lois, est une entreprise qui réussit en 1799, qui ne réussirait pas en 1829.

Car, autant qu'il semble, la nation n'est pas comme alors, si lasse et si honteuse d'elle-même : car, suivant ce qu'on dit, la restauration n'a pas tant de crédit, n'a pas un tel ascendant.

De là, sauf qu'il y ait dans le conseil, la valeur de sept hommes, de force outre nature; ou plutôt, sauf que cette valeur soit concentrée en une seule tête, ne tremblez plus, vivez en paix.

« Si je voulais gouverner sans la charte, je ne le pourrais pas : et si je le pouvais, je ne le voudrais pas. »

Peut-être de telles paroles ne sont pas sorties de l'auguste bouche : mais, certes, une telle pensée est vivante dans l'ame royale.

C'est ailleurs, c'est au plus loin, c'est à l'autre extrémité, que se trament les complots contre la charte ; car enfin, on est forcé de convenir que cet acte devenu synallagmatique, peut de même être violé par l'une ou par l'autre partie engagée.

La couronne n'est-elle pas, au moins un des trois pouvoirs ? n'est-elle pas, au moins par le fait reconnu et dès-lors passé en droit, le pouvoir incréé, le pouvoir créateur ?

Or, ce pouvoir est investi d'une prérogative : et cette prérogative se réalise par son exercice : et cet exercice consiste en tels et tels actes : et un de ces actes, le seul de ces actes qui soit opéré dans la plénitude de la volonté, a lieu dans la nomination des ministres.

En repoussant les choix, en rejetant les effets de l'acte, on annulle l'acte, on abolit l'exercice, on anéantit la prérogative, on abat la royauté.

Et, la chambre élective supplante la couronne, puis expulsant la pairie, demeure unique, absolue, despote : car il faut que l'autorité politique dont la somme est toujours d'égale intensité, se concentre dans un seul pouvoir, aussitôt qu'elle n'est plus répartie entre les trois pouvoirs.

Mais qui donc a rompu l'équilibre ? qui donc a détruit la Charte ?

Bonnes gens, simples gens, gardez-vous donc de croire : ce n'est pas qu'on soit effrayé des ministres ; ce n'est pas qu'on tremble pour la charte.

Croyez plutôt : au compte des meneurs, ce fut une bonne fortune, hors de prix, que l'avènement de certains noms, devant lesquels il leur paraît plus facile d'ameuter les haines, d'exalter les craintes.

« Ah ! se disent-ils : nous en aurons bientôt raison ; et après les avoir renversés, si nous ne les remplaçons pas nous-mêmes, il faudra peu de peine pour renverser ceux qui les auront remplacés.

« Un jour ou l'autre, nous parvenons au faîte : et alors comment nous comportons-nous ?

« Cela dépend : si le trône a conservé encore quelque force morale, quelque ascendant, nous nous mettons sous sa garde, nous nous couvrons de ses armes, nous nous retranchons derrière ses remparts. Ainsi, nous régnons, car c'est le point capital, sans qu'il nous importe en rien que ce soit en dépit de nos bandes déjà licenciées.

« Mais la lutte aura été longue : et par conséquent au terme du triomphe, l'ennemi, c'est-à-dire le trône, vaincu, dompté, aura perdu tout crédit, tout empire, même au sein des rangs les plus fidèles.

« En ce cas, la règle est tracée : nous achevons, nous enterrons le trône. Il serait fou de repousser la destinée qui sourit, sous prétexte d'accomplir on ne sait quel devoir. »

Telles sont les voies sur lesquelles la fatalité pousse et précipite, qu'ils le veuillent ou non, qu'ils y songent ou non, les malheureux qui se mirent en route du mauvais pied.

Cela est avéré.

Les ministres servent de point de mire; le cabinet est pris pour champ de bataille. Que ce soient les ministres actuels, ou leurs devanciers, ou leurs successeurs, la guerre se servant d'armes différentes, sera de même une guerre d'extermination.

Il n'y aura trève qu'après avoir enlevé à la pointe de l'épée les sièges du cabinet; il n'y aura paix qu'après avoir mis à néant la prérogative de la couronne.

La prérogative ne s'exerce librement et pleinement que dans l'acte de la nomination des ministres : car une fois saisis des portefeuilles, en s'enveloppant sous le manteau de la responsabilité, ils se dérobent à l'influence de la couronne.

C'est dans cet acte seul où elle respire; c'est dans cet acte même qu'il convient de l'attaquer, de l'étouffer.

Il faut abattre la prérogative, se dit-on d'un bord : il faut maintenir la prérogative, s'écrie-t-on de l'autre bord.

Là, est le combat, et le combat est à outrance.

Toutefois, pour les défenseurs, non plus que pour les agresseurs, il n'est nullement question de la nomination faite de telles personnes, mais seulement de la nomination faite par la couronne.

La couronne a usé d'un droit, du droit le plus précieux, Un acte, un fait en résulte. Est-il fâcheux ? Le droit demeure pour remédier au mal : serait-il funeste au plus haut degré ? la violation, la destruction du droit rendrait le mal incurable.

Que l'ame se retire du corps ! il reste un froid et morne squelette, une carcasse calcaire, dont la tête rencontrée par les fossoyeurs, est jetée d'un coup de pelle.

Que la prérogative soit enlevée au trône ! il reste quelques planches recouvertes de velours, sur lesquelles s'élancent et se combattent et se renversent tour à tour, les saltimbanques de l'ambition.

Chose triste et pourtant vraie ! Pour le repos, pour le maintien de l'ordre social, mieux vaudrait mille fois l'usurpation flagrante qui se serait saisie de la prérogative, que l'antique légitimité qui s'en laisserait déposséder.

La royauté est liée par la charte qu'elle octroya : comme aussi les autres pouvoirs sont soumis à la charte qui fut acceptée.

S'ils franchissent les limites, s'ils sortent de la sphère, ce n'est pas un droit seulement, c'est un devoir qui appartient à la royauté, de les faire rentrer dans l'ordre.

Elle est chargée de défendre la cause de la charte, qui cesserait ainsi d'exister; de défendre la cause de la société, qui ne tarderait pas à se dissoudre.

Il lui faut périr plutôt que céder, par cela même qu'en cédant, il lui faudrait périr aussi.

Nous en sommes là.

Veut-on ou ne veut-on pas un roi? Et, par suite, veut-on ou ne veut-on pas la charte?

C'est sur ce point seul que doit rouler la discussion de l'adresse : c'est par une boule blanche ou noire que se fera connaître la résolution.

Qu'on y prenne garde : il ne s'agit nullement des ministres, existences passagères et fugitives.

Il s'agit uniquement de l'être de la royauté, être immuable, inaltérable, irréfragable.

Déja, combien d'atteintes n'ont-elles pas été portées à ses droits tutelaires?

Déja, combien d'affections n'ont-elles pas été détournées de leur ligne naturelle?

Malheur à ceux qu'un motif quelconque exciterait à agir de concert avec ses ennemis!

Malheur à ses ennemis mêmes, qui travailleraient à l'avilir, à l'annuler!

Car alors, sauf que la royauté dût sortir victorieuse du combat, on verrait se réaliser cette terrible prédiction d'un orateur non suspect.

« Il croit, en sa conscience, qu'une altération aussi ex-« tensive, à la première occurrence d'une excitation popu-« laire, à laquelle les esprits ne sont que trop bien disposés, « amènerait des conséquences qui se termineraient par la « subversion de la constitution; et après une période de ca-« lamité, de confusion, d'anarchie, nous soumettrait à quel-« que féroce démocratie ou au despotisme militaire; et très « probablement, suivant l'ordre naturel qu'ont suivi géné-« ralement de semblables convulsions, nous conduirait à « travers une tyrannie pour nous livrer à l'autre. »
( *M. Huskisson, 23 février* 1830. )

« Encore cette majorité équivoque qui trouble l'esprit, « qui abat le cœur, se compose au plus de trente boules, « dont seize seulement en passant du noir au blanc, la mon-« treraient sous la face opposée.

« Seize boules font la loi à la couronne ainsi avilie, à la « chambre bientôt repentante. » ( *Du Dénouement de la crise*, 1829 ).

Le scrutin de balottage pour la présidence a justifié ce calcul anticipé.

Seize votes en se retournant, en revenant à leurs anciens erremens, allaient élever au fauteuil, le dévouement de cœur, la sagacité d'esprit, la modération de caractère.

Seize votes, par leur coopération matérielle, et certes sans leur connivence morale, ont favorisé le complot déloyalement tramé contre le libre exercice de la prérogative.

Seize votes, encore entraînés par la fatalité, iraient sanctionner une adresse attentatoire au droit constitutionnel du choix des ministres.

Seize votes, sauf qu'il ne plût à la justice et à la force ralliées d'y mettre ordre enfin, installeraient sur les sièges du conseil, le dogmatisme, le républicanisme, l'impérialisme, voués à renverser le trône, puis à se disputer le pouvoir.

Mais queller esponsabilité est donc répartie entre seize votes ?

Mais quelle suprématie est donc déférée à seize votes ?

Les destinées de la France et de l'Europe sont laissées à la merci de la volonté, souvent fortuite, toujours fugitive, de quelques hommes.

La charge des révolutions subversives où s'engloutiraient tout principe de religion, tout sentiment de morale, tout instinct d'humanité, tombe au compte de la conscience longtemps intacte de quelques hommes.

Il y a sous ces deux points de vue justement envisagés, un je ne sais quoi qui fait frémir et le cœur et l'esprit.

Non, cela ne se peut, que la règle abstraite de la majorité reste, au contraire, des autres règles de ce bas monde, exempte de toute exception.

Car, pour une fois où elle commanderait en cette façon, les conséquences mettraient à néant, pour jamais peut-être, le principe même.

Non, cela ne se peut, que le système de la souveraineté du peuple, ou du moins de sa participation aux lois, soit entendu en un tel sens.

Car au jour où il serait appliqué en cette manière, l'oligarchie la plus resserrée remplacerait la démocratie illimitée.

Aussi, la royauté, précisément dans la vue de conserver, de consolider l'influence prospère de la majorité des opinions; précisément, à l'effet de protéger, de perpétuer l'exercice légitime du pouvoir des chambres, ne doit pas, ne peut pas, ne veut pas céder.

L'adresse sera votée demain, aujourd'hui peut-être: il n'y a pas moyen de la discuter à temps; elle n'est pas encore connue en une manière certaine.

Une exception est faite ainsi: l'adresse se trouve soustraite à ses juges naturels: elle ne comparaît point devant le tribunal de la presse.

Qu'est-ce à dire? faut-il croire qu'à ce sujet l'opinion publique ne doive pas être consultée? ou plutôt n'y voit-on pas la preuve que cet acte est censé insignifiant?

Tout fragment de loi souvent si mince, toute ébauche de loi souvent si mesquine, se voient livrés pendant un ou deux mois à la critique qui ne manque pas de les tourner et retourner en tout sens.

Et telle adresse qui, à la vérité a été lentement et péniblement forgée au sein de la commission, viendrait soudain proclamer la souveraineté de la chambre, promulguer l'abolition de la royauté.

Mais personne ne veut cela, n'entend cela.

Personne, surtout parmi ceux dont la parole tonne au nom de la nation, et du pays, et de la France, n'a la pensée ni la volonté que la France, le pays, la nation, restent parties étrangères au débat.

Qu'importent les usages qui datent au plus de quinze ans? qu'importent les abus qui ont été commis plus encore du bord de droite que de gauche?

Contre la force, il n'y a pas de loi qui prévaille: de même contre la raison, contre la force morale, il n'y a pas de jurisprudence qui tienne.

Certes la chambre est bien éloignée de consommer cette usurpation flagrante, dont les suites à peu près inévitables, l'exalteraient bientôt, à son insu, au niveau de la convention.

C'était aussi dans l'ombre, c'était toujours avec urgence que la scélérate assemblée complotait ces foudres de lois, ces arrêts de mort.

Et de même, la convention décrétait à sa seule et simple volonté, sans la coopération d'aucun pouvoir.

Ceci n'a pas encore été remarqué : le vote de l'adresse passe, à part de toute action, de toute influence, de la chambre haute.

L'effet de l'adresse s'accomplirait en l'absence, en dépit peut-être, au détriment sans doute du pouvoir de la pairie.

Or, après le premier pas fait dans une telle route, quel corps a reculé jamais?

Or, il n'existerait donc plus qu'une chambre, unique, omnipotente.

Prenons l'adresse au sortir de la commission.

On a tenté de la rédiger en la façon la plus astucieuse, la plus captieuse : on est parvenu à ce que dans la forme, elle ne soit pas choquante, point révoltante.

La discussion s'ouvre : la parole s'exerce on ne sait trop sur quoi : on rejette tout amendement ; on n'écoute pas même le dernier.

Il n'importe que le sceau des volontés s'y attache, pour peu que le poids des boules l'entraîne.

Il n'importe que la Chambre encoure le risque de mettre aux pieds de Sa Majesté, soit telle pensée, soit telle phrase, qui peut-être ne fut pas entendue nettement ; qui peut-être ne sera bien comprise, qu'à l'aide de la réponse...

Maintenant que la réponse est apparue, viennent les 221 votans ! et la main sur la conscience, que chacun se dise :

Est-ce donc cela que je voulais voter à mon arrivée?

Est-ce encore cela que je voudrais voter à mon départ?

Certes, il y aurait un tiers des consciences défaillantes?

Car ici ou là, il reste quelque parcelle de raison, de jugement, de sens commun au moins.

Car tout instinct d'honneur, tout sentiment de loyauté n'est pas éteint.

C'est assez que le temps soit donné pour relire ou plutôt pour lire enfin, l'adresse judaïque.

« Un peuple fidèle est ému de vous avoir vu le plus bien-
« faisant de tous.... il révère en vous le modèle accompli des
« plus touchantes vertus ... Sire, ce peuple chérit et respecte
« votre autorité.... Quinze ans de paix et de liberté ont en-
« raciné dans son cœur la reconnaissance.... Les sentimens
« unanimes de respect et d'affection dont votre peuple vous
« entoure, etc.

« C'est surtout, en matière d'autorité, que l'antiquité de
« la possession est le plus saint des titres.... Les siècles ont
« placé votre trône dans une région inaccessible aux orages...
« Les droits sacrés de votre couronne sont la plus sûre ga-
« rantie des libertés publiques.... L'intégrité de vos préro-
« gatives est nécessaire à la conservation des droits du
« peuple. »

Quel luxe d'épithètes somptueuses! est-ce à titre d'adulation ou de dérision?

La conclusion ne laisse pas de doute.

Non, quoi qu'en dise la parole quelque peu véreuse du premier souteneur de l'adresse:

Non, ce n'est pas ce que veut la France, la noble France, la généreuse France de l'orateur de 1816, de 1820.

Non, ce n'est pas ce que veut le vrai *tiers-parti*, ou le parti mitoyen, ou le parti fidèle au Roi et à la charte, ennemi de l'absolutisme, comme du dogmatisme, du radicalisme, de l'impérialisme.

Non, ce n'est pas ce que veut le parti *des trente-deux millions de Français, moins une petite fraction.*

Et *la question ne se réduit pas à savoir si les trente-deux millions doivent fléchir devant la petite fraction, ou si celle-ci doit s'effacer devant les trente-deux millions.*

Certes il y a une petite fraction, autrement une grande faction.

Seulement elle est ailleurs.

Elle est où elle était, non pas en 1789, époque déja franchie dans cette nouvelle ère de révolution; mais en 1790, 1791, époque bientôt atteinte à l'insu de tant de gens.

Elle va où elle allait, non pas en France à la suite de ces périodes menaçantes, mais en Angleterre, au terme de certaines périodes trop analogues.

Or, dans cette fraction, se rencontrent pêle-mêle, désunis d'intention et ralliés par la fatalité, les ambitions, les passions, les préventions, les systèmes, les préjugés, les erreurs.

Si bien que la fin commune étant obtenue, aussitôt le faisceau se briserait en mille fragmens;

Si bien que le triomphe étant remporté, bientôt les regrets, les remords n'auraient qu'à le déplorer.

Qu'est-ce donc que ce concours permanent des vues du gouvernement avec les vœux du peuple, qui est consacré par la charte, suivant l'adresse?

Qu'est-ce que cette condition nécessaire à la marche des affaires?

Le concours existe, quoi qu'on dise, sauf pourtant que la Chambre se refuse à elle-même, ou refuse au cabinet d'en faire partie.

Car un concours n'a lieu qu'entre deux ou plusieurs volontés auxquelles il plaît de s'y prêter.

Le mot un peu vague de concours est expliqué par le mot très précis de condition nécessaire.

Evidemment, la condition nécessaire est que la chambre soit maîtresse, soit souveraine, ainsi qu'elle le fut pendant deux ans.

A défaut de quoi, jamais le concours n'existera, du moins à son idée.

Mais faites céder; laissez céder le Roi. A la manière dont on lui commande, alors même qu'il résiste, vous pouvez juger comment il serait traité après qu'il aurait cédé.

Qui donc était capable de s'imaginer que le Roi allait céder?

Le Roi ne pouvait, ne devait, ne voulait.

Ici, c'est le Roi qu'il faut dire et non plus la royauté, la couronne.

Ici, c'est le Roi en personne; le Roi en sa conscience, en son intelligence, qui parle et agit.

Comme l'acte du choix d'un ministère émane de sa volonté propre, l'acte du refus d'un autre ministère provient de la même source.

Or, le Roi ne pouvait.

Car en obéissant à telle adresse, il s'asservissait à toute autre adresse : en acceptant tels candidats, il s'engageait envers tous autres candidats.

Déja, de chambre à chambre, de session en session, d'époque en époque, le scrutin est fort variable.

En devenant despote, le scrutin devenait fantasque, capricieux; prenant un malin plaisir à expulser ses propres élus, à imposer de nouveaux venus.

Malheureux Roi! (alors ce serait le mot) dont la plume mise en mouvement, par ordre, irait incessamment apposer et biffer sa signature, au signal donné d'en haut.

Le Roi ne devait.

Car si le Roi a des droits, aussi il a des devoirs : ou plutôt il n'a de droits qu'à titre de devoirs.

Sans parler des violations d'un ordre transcendant, en obtempérant à l'injonction, il violait la charte.

La charte entend une royauté incréée, deux chambres créées.

Et la condition imposée par l'adresse étant accomplie, la chambre élective restait seule.

Plus de royauté, plus de pairie, plus de charte.

Le Roi ne voulait.

« Sire, vous ne *pouvez* pas résister : l'inquiétude du peuple « deviendrait funeste à son repos. »

« Sire, vous ne *devez* pas résister : le concours, l'harmo- « nie sont consacrés par la charte. »

Encore il y a à discourir sur de telles thèses : mais comment réfuter cet axiome?

Le Roi ne veut pas...

Que d'éloquence, que de puissance dans le mot magique de volonté ?

Nul effort ne peut arrêter ce char lancé sur une pente rapide : qu'une pierre se rencontre sous la roue, le char est renversé, est brisé !

C'est l'opinion; et c'est la volonté.

---

Le jour où le gouvernement n'existera que par la majorité de la chambre ; le jour où il sera établi en fait que la chambre peut repousser les ministres du Roi..... *Ce jour-là, nous sommes en république.* ( *M. Royer-Collard*, 1816. )

Entre des pouvoirs parallèles, la force ne se transmet pas : elle reste tout entière et plus grande à celui qui la donne ; *elle détruit celui qui la reçoit.* (*M. Royer-Collard*, 1816.)

Si le gouvernement anglais a besoin de la majorité de la chambre, il ne s'ensuit pas que notre gouvernement en ait un besoin semblable. Je lui en connais un plus pressant ; *c'est de veiller à n'être pas subjugué par elle.* ( *M. Royer-Collard*, 1816. )

Une majorité fixe, indissoluble, ayant un parti pris avant d'avoir écouté, peut être dans les mœurs anglaises, mais *un violent esprit de parti* est le seul lien qui pourrait former temporairement une telle majorité parmi nous. ( *M. Royer-Collard*, 1816. )

A. PIHAN DELAFOREST,

Imprimeur de Monsieur le Dauphin, de la Cour de Cassation, de l'Association Paternelle des Chevaliers de St-Louis, etc., rue des Noyers, n° 37.

www.ingramcontent.com/pod-product-compliance
Ingram Content Group UK Ltd.
Pitfield, Milton Keynes, MK11 3LW, UK
UKHW020448220726
13923UKWH00005B/2411